LETTRES
D'UN ACTIONNAIRE SUR LE COMMERCE DE LA COMPAGNIE DES INDES.

A AVIGNON,
1764.

LETTRES D'UN ACTIONNAIRE SUR LE COMMERCE DE LA COMPAGNIE DES INDES.

VOUS demandez, Monsieur, ce que je pense; 1°. Sur l'utilité ou l'inutilité du Commerce de la Compagnie des Indes. 2°. Sur le parti qu'ont pris quelques Actionnaires d'en demander la dissolution. 3°. Sur la Question à la mode, s'il ne seroit pas plus avantageux de rendre ce Commerce libre, que d'en accorder le privilége exclusif à une Compagnie. 4°. Sur la possibilité ou l'impossibilité de remonter ce Commerce, pour le rendre avantageux à l'Etat, & utile aux Citoyens. Je vais vous satisfaire.

PREMIERE QUESTION.

Personne n'ignore que le Commerce en général, est non-seulement utile, mais n'écessaire à un Etat, & qu'il est une des principales sources de ses richesses. Cette vérité d'expérience reconnue par toutes les Nations, décide votre première Question; puisque le Commerce des Indes & de la Chine, fait une des plus considérables parties du Commerce des François.

Louis XIV, qui l'établit, en étoit si convaincu, qu'il s'applaudit toute sa vie d'avoir jetté les premiers fondemens de ce Commerce. Il le regardoit à juste titre, comme une source abondante de richesses pour l'Etat & pour les Particuliers. Il engagea les Princes & les Seigneurs de sa Cour à s'y intéresser: il voulut que tous les Négocians du Royaume pussent y prendre part. Il les y invita par des Lettres Circulaires, adressées aux principales Villes. Ce Grand Roi promettoit de protéger en toute manière la Nouvelle Compagnie : non-ſeulement il lui fit des avances conſidérables ; mais, pour mieux marquer combien il s'intéreſſoit au nouvel établiſſement, il voulut préſider en perſonne à une de ſes Aſſemblées.

Rien n'eſt comparable aux peines & aux ſoins que ſe donna le ſage Miniſtre qu'il honoroit de ſa confiance, pour perfectionner cet ouvrage naiſſant. C'eſt à M. Colbert, que la nouvelle Compagnie doit les priviléges dont elle jouit : il ſe faiſoit un plaiſir de préſider à ſes Aſſemblées, & toutes les délibérations de ces premiers temps ſont illuſtrées du nom de ce grand homme.

Pour connoître ce qu'il pensoit de la nouvelle Compagnie, il suffiroit de lire les différens Edits, Déclarations & Arrêts, qu'il a fait rendre en sa faveur. Tout y marque l'estime qu'il faisoit de son Commerce : tout y annonce sa nécessité pour maintenir la balance entre les Nations Etrangères & la nôtre : partout il l'envisage comme le canal qui devoit faire rentrer dans le Royaume, les richesses que de longues guerres en avoient fait sortir.

Comme Citoyen zélé pour le bien de sa Patrie, au bonheur de laquelle il s'étoit voué sans partage, il voyoit avec joie que ce Commerce, par l'exportation de nos marchandises dans l'Inde, & par l'importation de celles de l'Inde, telles que les soyes & les cotons filés, les toilles & mousselines, les bois de teinture, drogues & autres denrées, qui forment les matières premières de nos Manufactures, étoit le moyen sûr de les faire fleurir, de faire subsister le grand nombre de Citoyens qu'elles occupent, & de donner le plus grand lustre à la France. Il sçavoit que le Commerce des Indes, en étendant celui de l'intérieur du Royaume, ne tourneroit pas moins à l'avantage des Négocians, qui fréquentent les ventes de l'Orient, qu'à celui de la Compagnie. Il n'ignoroit pas enfin, que nombre de François iroient exercer leurs talens dans ces contrées éloignées, & que par le Commerce d'Inde en Inde, qui est ouvert à tout le monde, ils y amasseroient des richesses qui refluroient tôt ou tard dans le Royaume; ce qui en faisant l'opulence des Particuliers, feroit aussi celle de l'Etat & du Roi.

Comme homme d'Etat, il prévoyoit que ce Commerce occuperoit utilement une multitude de Sujets du Roi; qu'il formeroit des Matelots, des Marins, des Ouvriers, de braves Officiers en état de bien ſervir leur Patrie. Il conſidéroit que la Marine de la Compagnie bien montée, ſeroit une reſſource toujours ſubſiſtante en temps de guerre. Et l'expérience n'a-t-elle pas juſtifié la ſageſſe de ces vues politiques ?

Comme Miniſtre des Finances, il n'ignoroit pas que rien n'eſt plus propre à augmenter le crédit de l'Etat, & à ſoutenir le prix des effets publics, que la circulation d'un Commerce fait en grand, qui nous lie d'intérêt avec les Nations voiſines, qui leur inſpire la confiance, & nous attire leur argent. C'eſt un fait certain, que ſur des ventes de 20 à 24 millions, telles qu'elles ſont en temps de paix, l'Etranger en paye la moitié. C'eſt donc environ 12 millions que le Commerce de l'Inde fait entrer annuellement dans l'Etat : aulieu qu'il en ſortiroit pareille ſomme pour les beſoins & la conſommation du Royaume, ſi nous étions obligés d'avoir recours à nos voiſins, pour nous le procurer.

Ce grand homme n'eût ſans doute pas été arrêté par les dépenſes que la Compagnie occaſionne à l'Etat; il eût compris que ſi ce Commerce attire de l'Etranger beaucoup plus qu'il ne coûte à l'Etat; s'il donne de la vigueur, du nerf, de l'activité au Commerce intérieur du Royaume ; s'il met en mouvement une multitude de personnes ; s'il fait vivre un nombre considérable de sujets du Roi ; en un mot, s'il verse dans l'Etat bien plus de richesses qu'il n'en fait sortir : on doit d'autant moins regreter quelques millions qu'il en couteroit au Roi, que ce même Commerce les rend annuellement à l'Etat, à peu de chose près, en droits d'entrée, de sortie. N'est-ce pas en effet, ce qu'on a toujours pratiqué pour soutenir les différentes Colonies ; & n'est-ce pas dans la vue du bénéfice que produira le Commerce de Cayenne, que l'on fait actuellement des dépenses pour cet Etablissement ?

Deuxiéme Question.

Que ces vues nobles & élevées du grand Colbert, ſont éloignées des idées antipatriotiques de quelques Actionnaires, qui plus touchés de leur intérêt perſonnel que du bien public, voudroient détruire dans un inſtant l'ouvrage d'un ſiécle! Forcés par l'évidence, ils n'ont pû ſe diſpenſer d'avouer eux-mêmes la néceſſité où ſe trouve l'Etat de ſoutenir le Commerce, dont en même-temps ils ſollicitoient l'anéantiſſement. Ils ont demandé ou la diſſolution de la Compagnie des Indes, & la liquidation de ſes fonds; ou que le Roi ſe chargeât de payer leurs dettes, & qu'il leur assurât 64 liv. de rente par action. Mais par où ont-ils mérité un pareil sort? Nul n'a droit aux faveurs du Prince, qu'autant qu'il se montre l'ami de la Patrie, & du bien public.

Tout Actionnaire qui se dégoûte du Commerce de la Compagnie, peut s'en retirer quand il le veut, en vendant ses Actions: c'est l'unique voie qu'il ait pour retirer ses fonds. Il ne faut donc pas croire qu'un petit nombre d'Actionnaires mécontents, soient parties capables pour exiger la dissolution de la Compagnie, & la liquidation de ses fonds. On pourroit leur demander dabord, de quel droit ils ſtipulent les intétêts d'une multitude d'autres intéreſſés au même Commerce, qui ont demandé le contraire dans l'Aſſemblée du 30 du mois précédent, par l'organe des Actionnaires, qui compoſoient cette Aſſemblée? Il y fut décidé à la pluralité de plus de 60, contre 14, que la Compagnie ſubſiſteroit, & la propoſition de la diſſolution fut rejettée. D'après cette déciſion ſolemnelle, il n'auroit plus dû être queſtion de nouvelle Aſſemblée pour examiner de nouveau la queſtion jugée. Un Plaideur qui à perdu ſon Procès, n'eſt point admis à raſſembler de nouveau le Tribunal, pour obtenir un autre jugement : les affaires deviendroient interminables. Mais l'esprit d'intérêt particulier ne connoît point de régles : quelques-uns des 14, dont l'avis n'avoit pas été suivi, ont obtenu une nouvelle Assemblée pour le 27 Septembre 1763 ; & y ayant fait trouver nombre de personnes, à eux affidées, il en a résulté un avis, directement contraire à la décision de l'Assemblée précédente, en ce qu'il tendoit à remettre au Roi le Privilége du Commerce, en suppliant Sa Majesté de se charger de payer leurs dettes, & de leur accorder 64 liv. de rente par Action. C'est

cette

cette demande peu fondée en elle-même, évidemment contraire au bien public, qu'ils qualifioient alors de décision du corps des Actionnaires, & qu'ils auroient voulu faire prévaloir sur celle de l'Assemblée précédente.

Mais sans relever la nullité palpable de cette prétendue décision, détruite par celle qui l'a précédée, disons, Monsieur, que tous les Actionnaires réunis, ne pourroient en aucun cas, exiger la dissolution de la Compagnie des Indes, & la liquidation de ses fonds : à plus forte raison une Assemblée quelconque, qui ne fait jamais qu'une petite partie des Actionnaires rélativement à la totalité. Sans cela toute Nation étrangère qui auroit intérêt à la destruction de la Compagnie, feroit acheter un nombre suffisant d'Actions, pour avoir la voix prépondérante dans les Assemblées ; & au grand préjudice de la France, feroit résoudre une dissolution qui tourneroit à l'avantage de cette Nation.

Il n'en est pas de la Compagnie des Indes, comme d'une Société particulière de Négocians, qui s'unissent pour un temps limité, après lequel chacun peut retirer ses fonds, parce qu'ils ne sont pas aliénés, ce qui emporte nécessairement la dissolution de la Société. Chaque intéreſſé au Commerce de la Compagnie des Indes, a tellement aliéné ſon fonds, qu'il ne lui eſt plus libre d'en éxiger le rembourſement. Il n'a plus droit qu'aux bénéfices du Commerce, & ces bénéfices lui ſont répartis par le paiement du dividende, qui lui tient lieu de la rente de ſon capital aliéné : voilà la différence.

La Compagnie des Indes eſt donc une Compagnie d'Etat, & ſon fonds eſt un fonds public, deſtiné à faire un Commerce perpétuel, qui doit durer autant que la Monarchie. Il eſt libre à tout le monde Regnicole ou Etranger, de prendre part à ce Commerce, en achetant des Actions, & d'y renoncer dès le lendemain en les vendant, ces Actions étant le titre réprésentatif de l'intérêt que chacun veut prendre à ce Commerce public : c'est la disposition des Ordonnances.

Par l'Edit du mois de Juillet 1720, Sa Majesté veut que la Compagnie des Indes jouisse à perpétuité des droits & priviléges attribués à son Commerce: *à l'effet dequoi*, porte cet Edit, *nous la créons, établissons & déclarons, en tant que de besoin, Compagnie perpétuelle des Indes.....* Cette perpétuité de Commerce & de Privilége, a été confirmée 1°. Par Arrêt du 21 du même mois : 2°. Par l'Edit du mois de Juin, 1725, registré au Parlement. C'est l'ignorance de ces principes qui a fait croire à certains Actionnaires, qu'ils sont en droit d'exiger la dissolution de la Compagnie, & la liquidation de ses fonds.

Indépendamment de leur fausse idée sur la nature du Commerce de la Compagnie des Indes, leur demande est contraire à leurs propres intérêts.

Supposons, en effet, que le Gouvernement y acquiesçant, prononcât la dissolution de la Compagnie, on verroit à l'instant tous les Créanciers de la Compagnie, c'est-à-dire, des

Actionnaires, car ce ſont eux qui ſont débiteurs, ſaiſir généralement, pour ſûreté de leurs créances, tous les fonds appartenants à la Compagnie. N'y eut-il que les intéreſſés aux effets du feu Père Lavaure, on doit s'attendre à leur vigilance : mais les Actionnaires ne peuvent ignorer que tous leurs autres Créanciers ſont dans cette réſolution, puiſqu'ils les en ont avertis par un Mémoire qu'ils ont préſenté dans l'Aſſemblée du 27. Septembre 1763.

Quel ſera pour lors, le ſort des Actionnaires ? malgré la liquidation qu'ils demandent des fonds de la Compagnie, ils ne toucheront pas une obole que toutes leurs dettes ne ſoient payées ; parce que nul Debiteur n'a droit de toucher à ſon fonds ſaiſi, au préjudice de ſes Créanciers ſaiſiſſans. Or cette liquidation & le paiement effectif de toutes les dettes, eſt peut-être une affaire de plus de 20 années. Il en réſultera donc que, pendant plus de 20 ans, les Actionnaires ne toucheront ni dividende, ni capital. Y en a-t-il beaucoup parmi eux qui ſoient en état de ſe paſſer du revenu de leurs Actions ! Et en ſuppoſant qu'il s'en trouve, la foule de ceux qui en ſouffriront, & qui attendent après leur dividende, pour la ſubſiſtance de leur maiſon, ne doit-elle pas emporter la balance? D'ailleurs qui peut répondre quel ſera le réſultat d'une pareille liquidation? Pour l'enviſager ſans frémir, il faudroit ignorer quel eſt le ſort de tous les biens qui ſont mis en direction.

Envain diroit-on, que le Roi ou la nouvelle Compagnie, ſe chargeront de payer les dettes.

Premiérement: oſeroit-on aſſûrer que cette biſarre & injuſte propoſition ne ſera pas réjettée? L'Etat n'eſt déja que trop chargé de dettes, ſans le ſurcharger par ce nouveau fardeau. Sa Majeſté eſt trop équitable, pour changer l'hypothéque des Créanciers des Actionnaires. Il y auroit de l'injuſtice à les priver du droit qu'ils ont de ſaiſir les biens de leurs ligitimes débiteurs ; & ce ſeroit leur enlever ce droit ſi précieux pour eux, ce droit qui eſt l'unique voye qu'ils ayent pour aſſûrer leurs créances, que de les faire changer de débiteur, & de mettre le Roi au lieu & place des Actionnaires.

Secondement : charger la nouvelle Compagnie d'acquitter les dettes de l'ancienne, c'eſt rendre le ſort des Créanciers encore plus malheureux. Il n'en faut pas d'autre preuve, que ce qui eſt arrivé, lors de la diſſolution de la Compagnie de la Chine : elle devoit beaucoup. La Compagnie qui la remplaça, fut chargée d'acquiter ſes dettes : mais cette opération eſt encore à faire, & les Créanciers de la Compagnie de la Chine, ſont à-peu-près auſſi avancés que le premier jour.

La nouvelle Compagnie formera de nouveaux engagemens. Son crédit dépendra de ſon exactitude à y être fidéle. Manquera-t-elle de prétextes pour préferer le payement des dettes qu'elle-même aura contractées, à celles qui ne ſeront pas de ſon fait ? Le beſoin de fonds, & la néceſſité de ſoutenir ſon Commerce, formeront un obſtacle perpetuel à l'acquittement des dettes de l'ancienne Compagnie.

De quel droit d'ailleurs un Débiteur peut-il dire à ſon Créancier : » Je commence par retirer » mon capital, ou, pour m'en » aſſurer la rente, je ne veux » plus être votre Débiteur : je » vous donne en ma place celui » auquel je cede mon Commerce, & j'entends être ſi pleinement déchargé vis-à-vis de » vous, que vous ne puiſſiez ni » me pourſuivre, ni même me » troubler dans la jouiſſance du » fonds que je vous avois hypotéqué. « Ce langage révolte : il eſt réprouvé par la Loi ; c'eſt cependant celui des Actionnaires, qui voudroient rétirer leurs fonds, ou s'assurer la rente de leur capital, en chargeant le Roi ou la nouvelle Compagnie d'acquitter leurs dettes. Mais depuis quand celui qui doit recevoir la Loi, est-il en droit de la donner ? On le répete : Les fonds des Actionnaires appartiennent à leurs Créanciers, & le paiement des dettes doit être consommé avant qu'ils ayent droit d'en détacher une obole.

TROISIÉME QUESTION.

Vous demandez dans votre troisiéme question, s'il ne feroit pas plus utile à l'Etat de rendre libre le Commerce des Indes &

de la Chine, que d'en accorder le Privilége exclusif à une Compagnie.

Je pourrois me contenter de vous répondre que depuis 1602, les Anglois & les Hollandois, qui sont les deux Nations les plus experimentées dans ce genre de Commerce, n'ont jamais voulu consentir à le rendre libre. Depuis 1556 jusqu'en 1602, il fut libre en Hollande. Mais l'expérience ayant convaincu que cette liberté avoit été funeste, elle fut retirée pour toujours. Les Anglois plus habiles n'ont pas même voulu en faire l'essai; & malgré les vives instances que firent en 1701, les plus gros Négocians de leur Nation, ils ont persisté fermement dans ce refus.

Mais qu'est-il nécessaire de récourir à la sage prudence des Etrangers? Ce qui est arrivé parmi nous ne nous instruit-il pas suffisamment?

Louis XIV. ne se porta avec tant de zèle en 1664, à former une Compagnie qui eût le privilége exclusif du Commerce des Indes, que parce qu'il avoit été onéreux à tous les particuliers qui l'avoient fait, & parce que tous successivement s'étoient vûs contraints de l'abandonner.

En 1682, on voulut tenter encore de le rendre libre; mais

on le fit ſans fruit, & cette liberté, ne fut pas de longue durée, par les raiſons que nous en allons bientôt donner.

Le dernier aſſai que fit le Gouvernement, fut en 1714. La Compagnie qui avoit le privilége excluſif, s'étant établie avec des fonds trop modiques pour faire face à une ſi grande entrepriſe, ſe trouva pour lors fort endettée. On ſçait que les commencemens ſont toujours onéreux, parce qu'il faut faire des dépenſes immenſes qui altérent les fonds deſtinés au Commerce. Dans ces circonſtances la Campagnie traita de ſon privilége avec les Négocians de Saint-Malo, qui entreprirent le

Commerce des Indes. Ils ne purent le continuer que jusqu'en 1719; ils n'avoient pas assez de fonds pour le soutenir.

Alors le Gouvernement convaincu par des expériences, tant de fois réitérées, que cette liberté de Commerce étoit plus nuisible que profitable, & que des particuliers ne pouvoient pas suivre utilement une si vaste entreprise, prit le parti de réunir le Commerce des Indes & de la Chine, à la Compagnie d'Occident qu'il venoit d'établir en 1717. L'Edit de réunion est du mois de Mai 1719; il n'a plus été question depuis, de rendre ce Commerce libre. On a jugé avec raison

raiſon, que pour être utile à l'Etat, il devoit être fait en grand, ce qui n'étoit poſſible qu'à une Compagnie puiſſante, ſoutenue de la protection du Roi.

Il ſeroit trop long d'expoſer ici toutes les raiſons qui démontrent que le Commerce des Indes ne proſpereroit point entre les mains des Particuliers, & qu'il ne peut être fait utilement pour l'Etat, que par une Compagnie puiſſante. Contentons-nous de celles-ci.

1°. C'eſt uniquement par ſes établiſſements au-delà des Mers, que la Compagnie peut tirer un grand avantage de ce Commerce. Elle eſt inſtruite chaque année par ſes conſeils ſupérieurs, de la nature des marchandiſes d'Europe qui ſont d'une meilleure défaite dans ces Contrées éloignées, & c'eſt ſur ces avis qu'elle régle ſes envois.

Or plus de Compagnie, plus d'établiſſemens dans l'Inde. Les Particuliers qui entreprendront ce Commerce, n'étant avertis par perſonne du genre des marchandiſes d'Europe qu'il conviendra de porter chaque année dans l'Inde, agiront au hazard. Comme il n'y aura point de concert entre eux, ils porteront les mêmes ſortes. L'Inde abondera de certaines marchandiſes, pendant qu'elle manquera des autres : l'abondance des unes en reduira le prix à rien. La concurrence qui ſe trouvera entre ces Particuliers qui voudront vendre à quelque prix que ce ſoit, & plus encore celle qu'ils éprouveront de la part des Compagnies rivales de la France, mettra le comble à leur perte. Dira-t-on qu'on en ſera quitte pour ne pas vendre à perte, & pour attendre un moment plus favorable ? Outre qu'on conſommera la valeur des marchandiſes en frais de commiſſions, de Magaſinage &c. ce ſera expoſer les Particuliers à un Hivernage ruineux. D'ailleurs, ſans crédit dans le Pays, où ces Particuliers trouveront-ils des fonds, pour acheter les Marchandiſes de retour ?

2°. La Compagnie, après avoir bien examiné quelles ſont les marchandiſes des Indes qu'il convient de faire venir en France chaque année, ſoit pour l'aproviſionement du Royaume, ſoit pour revendre à l'Etranger, en avertit les Conſeils des Indes, qui réglent les achats, ſur les ordres de la Compagnie. C'eſt par cette ſage précaution qu'elle eſt toujours aſſurée d'une vente avantageuſe, & qu'elle ſoutient le prix de ſes marchandiſes vis-à-vis de l'Etranger, pour maintenir la balance du Commerce, & pour éviter l'arbitraire.

Les Particuliers qui n'auront pû concerter ces combinaiſons, apporteront tous ſouvent les mêmes marchandiſes de l'Inde. Agiſſant au hazard & ſans vûes certaines, ils ne s'attacheront qu'à ce qu'ils croiront ſuſceptible d'un plus gros gain ; l'abondance d'une ſorte en fera tomber le prix, & ils ſe trouveront ruinés. D'un autre côté, la rareté des marchandiſes qu'ils n'auront point apportées, nous forcera d'avoir recours aux Compagnies étrangères, pour nous les procurer, & par-là notre argent ſortira du Royaume ; au lieu que ce Commerce bien dirigé, doit nous procurer celui de l'Etranger.

3°. Il n'en est pas de l'Inde, comme de l'Europe; les marchandises n'y sont pas exposées en vente aux choix des Acheteurs. Pour avoir un assortiment convenable, il faut avoir des Agens sur les lieux, qui puissent traiter avec une Compagnie de Marchands du pays par l'entremise d'un *Courtier*, qui est associé avec eux : ils sont solidaires. On convient, avec eux, des sortes & des prix, sur échantillons. Le contrat fait, on leur remet des fonds d'avance pour les Ouvriers; & ils commandent eux-mêmes les marchandises aux Tisserands, dans les terres. Lorsqu'elles sont fabriquées, elles sont apportées dans les magasins de la Compagnie, où elles sont exactement visitées par des Conseillers & par des Employés, en présence des Marchands. On reçoit celles qui étant de bonne qualité, se trouvent conformes aux échantillons, & l'on rebute celles qui ne le sont pas. Par cette prévoyance, les vaisseaux de la Compagnie trouvent, en arrivant dans l'Inde, leur cargaison de retour, toute préparée; ensorte qu'ils peuvent repartir peu de tems après. Que feront des Particuliers, qui manqueront de tous ces ſecours à la fois ? Forcés de repartir promptement pour éviter les frais d'hivernage, ils acheteront ſans choix ce qu'ils trouveront, c'eſt-à-dire le rebut des Compagnies étrangères. Les Indiens, gens fins, adroits & intéreſſés, profiteront de la néceſſité d'un prompt départ pour ſurvendre les marchandiſes : & ces Particuliers ſeront d'autant plus rançonnés pour le prix, qu'ils auront une double concurrence à eſſuyer ; d'abord entr'eux, & enſuite avec les Compagnies étrangères, qui ſacrifieront volontiers le gain d'une année pour les culbuter.

Mais de retour en France, ils auront bien une autre concurrence à craindre, pour la vente en Europe. Tout le monde ſçait qu'il n'y a que les Compagnies, qui ſoient exemptes des gros droits que les Maures tirent ſur toutes les marchandiſes qui ſortent de chez eux. Comment des Particuliers rançonnés néceſſairement par les Négocians du pays, expoſés à payer de gros droits aux Princes Maures, & à n'avoir que des marchandiſes mal choiſies, mal aſſorties & ſurachetées, pourront-ils dans la vente en Europe, ſoutenir la concurrence avec les Compagnies étrangères?

On ne parlera point ici de la néceſſité où ſe trouvent toutes les Compagnies d'avoir différens comptoirs munis d'Employés, pour veiller à l'exécution des traités ; des troupes pour défendre ces Comptoirs & pour les empêcher d'être journellement pillés ; des embarcations armées pour eſcorter les bateaux qui vont à Daka & à Patna : enfin des établiſſemens toujours munis des choſes néceſſaires pour radouber les vaiſſeaux. On voit du premier coup d'œil, qu'il n'y a qu'une Compagnie puiſſante, qui ſoit en état de faire toutes ces dépenſes néceſſaires, & que le Commerce borné des Particuliers ne pourroit y ſuffire.

Les Négocians qui crient ſans ceſſe à la liberté du Commerce des Indes, n'ont peut-être jamais fait attention à ces inconvéniens : ou s'ils les ont apperçus, l'aveuglement de l'intérêt perſonnel en a tellement affoibli l'idée dans leur eſprit, qu'ils les ont comptés pour rien.

Envain voudroient-ils aſſimiler le Commerce de l'Amérique, qui eſt libre à tous Négocians François, avec celui des Indes & de la Chine, dont la Compagnie à le privilége excluſif. La différence eſt ſenſible. On peut en juger par ce qui précéde, & encore mieux par ce qui ſuit.

L'Amérique Françoiſe eſt conſidérée à juſte titre comme une Province du Royaume. Elle n'eſt habitée que par des François, & il n'eſt permis qu'aux François d'y faire le Commerce d'exportation & d'importation. Les François, habitans de l'Amérique, ne peuvent ſe paſſer de nos denrées de première néceſſité. Nous ne leur en portons preſque point d'autres; & il y auroit de la cruauté d'en rendre le Commerce exclusif. La vie de nos Concitoyens y eſt trop intéreſſée. D'un autre côté, les habitans de l'Amérique ne pouvant vendre les fruits de leurs récoltes qu'aux

François , il y auroit la même inhumanité d'en rendre le Commerce exclusif. On ne peut au contraire leur ouvrir trop de voies & trop de débouchés pour s'en défaire avantageusement.

La concurrence qui se trouve entre les Négocians François, qui font le Commerce de l'Amerique, est un bien : elle procure à des prix médiocres les denrées du Royaume aux habitans de l'Amérique, & nous fait jouir du même avantage sur celles de l'Amérique, telles que les sucres, les indigots, & autres, qui ne nous sont pas moins nécessaires que les nôtres le sont aux Amériquains.

Rien de tout cela dans le Commerce des Indes & de la Chine. Nous n'y commerçons qu'avec les Naturels du pays, qui font un pareil Commerce avec toutes les Nations de l'Europe. Ainsi, ce n'est point un Commerce de François à François. Dans tous nos établissemens de l'Asie, il y a mille Asiatiques contre un François. Ces Naturels du pays ne consomment aucune de nos denrées de première nécessité, & il en faut très-peu pour le petit nombre de François qui y résident. Nous ne portons aux Indiens que des marchandises de luxe, & la plûpart de celles que nous tirons de chez eux, ſont de même Nature. Nul inconvénient, par conſéquent, d'en rendre le Commerce excluſif : il n'intéreſſe point les beſoins eſſentiels de la vie des hommes.

Si ce Commerce étoit libre aux Particuliers, la double concurrence qu'ils auroient entr'eux, & avec les Compagnies étrangères, ſeroit un vice. Elle feroit tomber à rien le prix des marchandiſes d'exportation, & feroit augmenter conſidérablement celui des marchandiſes d'importation ; ce qui ſeroit funeſte à l'Etat, par les raiſons que nous en avons données plus haut.

Dans le cas d'un Commerce

exclusif, la Compagnie, qui en a le privilége, ne se trouve en concurrence qu'avec les Compagnies étrangères. Mais cette concurrence, qui seroit nuisible aux Particuliers, parcequ'ils n'auront jamais assez de fonds pour en soutenir le choc, est utile & nécessaire de Compagnie à Compagnie, pour soutenir la balance du Commerce : sans cela la plus forte perdroit la plus foible.

Voici encore une différence qui se trouve entre le Commerce de l'Amérique, & celui des Indes. Le premier pouvant se faire avec un fond peu considérable, qui rentre souvent, parceque

ceque la navigation eſt prompte, convient aux Particuliers. Pour ſoutenir le ſecond, il faut des fonds immenſes, dont la rentrée eſt lente, par une raiſon contraire. Il ne convient donc qu'à une Compagnie puiſſante.

Les Particuliers qui font le Commerce de l'Amérique, ſont pour la plûpart aſſociés avec les Amériquains : ils y ſont tout au moins connus ; ils y ont du crédit ; & quand ils ne trouveroient pas à vendre leurs marchandiſes en arrivant, ils n'en feroient pas moins leur cargaiſon de retour : au contraire, n'étant pas connus dans l'Inde, & les Indiens ne plaçant leur confiance que dans des Compagnies puiſſantes ; des Particuliers n'y auront pas les mêmes avantages.

En voilà ſans doute plus qu'il ne faut pour faire voir qu'il n'y a aucune parité entre le Commerce des Indes, & celui de l'Amérique ; & que ſi l'un doit être libre, l'autre doit être excluſif.

Les partiſans de la liberté, qui voient juſqu'à un certain point ces inconvéniens, ont crû y remédier, en propoſant de former, dans nos établiſſemens de l'Inde, une Colonie Françoiſe ſemblable à celle de l'Amérique.

Il eſt certain que, dans cette hypothèſe, les deux Commerces ſeroient égaux en un point : car ils ſe feroient de François à François. Nulle concurrence à craindre avec l'étranger, puiſqu'on ſuppoſe qu'il en ſeroit exclus. Celle qui ſe trouveroit entre les Négocians François, tourneroit à l'avantage de l'Etat. Elle produiroit l'abondance des marchandiſes de France aux Indes, & de celles des Indes en France, en baniſſant l'arbitraire du prix des unes & des autres.

Mais à qui viendra-t-il dans l'eſprit de vouloir réaliſer cette chimère ?

L'Amérique appartient à la

France par droit de conquête: Les Etrangers n'y ont aucune prétention. L'Aſie appartient au Mogol : les François n'y ſont que tolérés, comme les autres Nations, & ils ne l'y ſont que pour y faire le Commerce. Au premier mouvement que nous ferions pour y former une Colonie Françoiſe, & pour nous y établir en corps de Nation, nous ſouleverions contre nous, le Grand Mogol, tous les Peuples de ce vaſte Empire, & les Nations Européennes, rivales de la France.

Ce projet eſt donc un être de raiſon : l'exécution en eſt impoſſible : on n'y parviendroit jamais, quand pour peupler nos établiſſemens de l'Inde, on dépeupleroit la France entière. Les Indiens qui ſemblent renaître d'eux-mêmes, nous accableroient toujours par le nombre.

Mais, en ſuppoſant l'impoſſible, métamorphoſons pour un inſtant nos établiſſemens de l'Inde en Colonie Françoiſe. La nouvelle Colonie ſera gouvernée ſans doute, comme celle de l'Amérique, par des Gouverneurs & des Commandans qui auront toute l'autorité. Mais alors, ſoit que le Commerce de l'Inde reſte à la Compagnie, ou qu'il ſoit rendu libre, dans l'un & l'autre cas, loin d'être avantageux à l'Etat, il ſera ruiné : pour le prouver, conſidérons ce Commerce entre les mains de la Compagnie ; on conviendra ſans peine qu'elle eſt plus en état de ſoutenir ſes droits, que de ſimples Particuliers iſolés.

De tous les priviléges qui lui ont été accordés, le plus important eſt, ſans contredit, celui d'exercer une autorité immédiate ſur tous les ſujets auxquels elle confie la manutention de ſes affaires aux Indes. Celui d'y faire exercer la juſtice au nom du Roi, & de traiter directement avec les Princes Maures, vient enſuite. Le premier privilége tient tous les ſujets qu'elle emploie dans une juſte dépendance, & le ſecond la fait reſpecter des Naturels du pays, qui avec l'agrément de leurs Princes, vivent ſous ſa protection.

La réuſſite des opérations de la Compagnie dépend de l'exacte exécution des ordres qu'elle donne dans ſes différens Comptoirs. Si chaque Employé concourt à remplir dans la partie qui le concerne, l'objet de la combinaiſon générale, la réuſſite eſt infaillible. Mais peut-on ſe flatter d'un pareil ſuccès, lorſque la Compagnie dépouillée de la principale autorité, ſera obligée d'invoquer une autorité intermédiaire, pour faire exécuter ses ordres, & pour réprimer les abus qui s'introduiront dans son administration ?

Ne sent-on pas que tout pliera sous l'autorité d'un Gouverneur indépendant, & que personne n'osera lui résister ? S'il traverse les opérations de la Compagnie ; s'il moleste les Marchands du Pays qui commercent avec elle, & s'il les force de se retirer : Si le désir de s'enrichir, le porte à faire la Guerre aux Princes sur le Territoire desquels se fait en partie le Commerce : S'il suspend par ces Guerres, toutes les opérations du Négoce : S'il emploie à la Guerre les fonds destinés au Commerce ; qui osera, au risque d'encourir son indignation, porter des plaintes contre lui ? Et quand on en porteroit, quel effet produiroient-elles ? Les faits les plus clairs peuvent être facilement obscurcis, lorsque les accusateurs, & les témoins du délit, résident à six mille lieues de l'autorité qui doit le réprimer.

L'autorité placée dans la main de la Compagnie, est une autorité pacifique, toujours dirigée pour le plus grand bien du Commerce, toujours soumise aux vues du Gouvernement, sans l'autorisation duquel la

Compagnie ne fait aucune entreprise. Sans cette autorité, que la Compagnie tient de la sagesse de nos Rois, comment lui seroit-il possible de faire exécuter ses ordres, par un corps dispersé dans toutes les parties de l'Inde ?

Que le Roi ait des Gouverneurs & des Commandans, qui aient toute l'autorité dans les Isles Françoises de l'Amérique, rien n'est mieux ordonné. L'Amérique est une conquête du Roi; il doit la conserver par l'activité d'une Milice toujours subsistante, dont le Chef doit exercer la police générale sur tous les Habitans, pour le bon ordre

& la tranquillité publique. Voilà pourquoi l'Etat Militaire y tient le premier rang. D'ailleurs, ſi ces Commandans abuſent de leur pouvoir, leur proximité de la France met le Gouvernement à portée d'y apporter un prompt reméde.

Mais Sa Majeſté n'a aucune Province dans l'Inde : Elle n'y veut pour la Compagnie que des Comptoirs, & la liberté d'y faire le Commerce. Le peu de ſes Sujets qui paſſent dans ces contrées, n'y vont que pour le ſervice de la Compagnie ; toutes leurs fonctions ſont rélatives à ſon Commerce. C'eſt donc par ſon autorité, & non par une autorité qui ſeroit étrangère à ſon adminiſtration, qu'ils doivent être conduits & dirigés. Sans une autorité propre, pour ainſi-dire, la Compagnie ſeroit un corps ſans ame. Ceci doit ſuffire pour éloigner une idée qui ne pourroit avoir lieu, que dans le cas où Sa Majeſté voudroit faire des conquêtes dans l'Inde, & s'y former un Etat.

On auroit pu ſe diſpenſer d'entrer dans le détail des preuves qu'on vient de rapporter. Il auroit ſuffi de dire que les dettes de la Compagnie dans l'Inde, ſont un obſtacle invincible au Commerce des Particuliers, parce que les fonds qu'ils porteroient, ſeroient bien certainement retenus par les Indiens, qui regardent toute la Nation Françoiſe, comme ſolidaire; & s'il ſe trouvoit des Négociants aſſez peu raiſonnables, ou aſſez peu inſtruits, pour vouloir tenter ce Commerce: l'Etat, qui doit empêcher la ruine de ſes Sujets, devroit abſolument le leur interdire. Il eſt donc démontré qu'il vaudroit autant abandonner entièrement ce Commerce, que de le rendre libre.

Il eſt temps de paſſer à l'examen de la quatriéme Queſtion, s'il eſt poſſible de rétablir le Commerce de la Compagnie, & de lui rendre ſon premier luſtre;

c'eſt ce qui fera la matière d'une ſeconde Lettre, qui ſuivra de près celle-ci.

J'ai l'honneur d'être, &c.

www.ingramcontent.com/pod-product-compliance
Ingram Content Group UK Ltd.
Pitfield, Milton Keynes, MK11 3LW, UK
UKHW022127170726
13837UKWH00003B/1398